LIBRO 1: EXPLORA PARÍS

EN ESPAÑOL

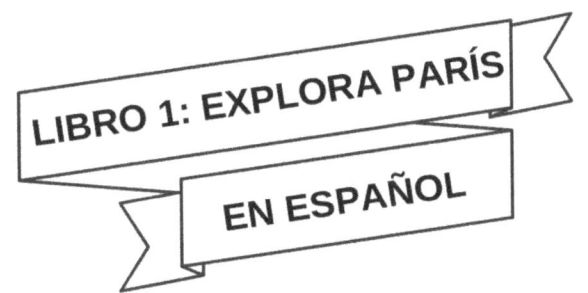

Color me CULTURE

EXPLORA PARÍS

Séverine Chanay-Savoyen

Dedicado a mis increíbles gemelos, Adalina y Kameli, así como a su cariñoso y generoso tío, Frédéric, quien estoy orgulloso de llamar mi hermano.

Un agradecimiento especial a Emely Katz por su experiencia en edición.

Un día soleado, **Juliette** y **Julien** encuentran una carta misteriosa de su Tío Fred en el buzón. ¡Los invita a una aventura en **París**!

¿Qué cosas asombrosas verán?

Podrían visitar la Torre Eiffel o 'la **Tour Eiffel**', como se llama en francés, y quizás disfrutar de deliciosos manjares franceses.

La carta tiene un sello elegante y viene con dos **Pasaportes de Aventura** especiales. "¡Vamos a ver tantos lugares increíbles!" dice Julien.

¿Estás listo para descubrir París con ellos?

Juliette y Julien notan un símbolo hermoso en el sello: ¡se llama **'fleur-de-lis'**!

Este símbolo especial de flor es muy importante en Francia. ¡Ha sido utilizado durante muchos años, incluso por **reyes**!

Solía ser un signo de los reyes franceses. ¿Sabías que el rey Luis VII (Luis el Séptimo) fue el primero en usarlo?

¿Qué símbolo elegirías si fueras rey o reina? ¿Qué lo hace especial para ti?

¡Mira este gran mapa francés en el **libro** de Juliette y Julien! El país de **Francia** está ubicado en Europa Occidental.

Tiene muchos vecinos como Alemania, Italia y España.

¿Puedes encontrar Francia en el gran **mapa**? ¡Su forma parece una estrella!

¡Vamos a encontrar París en el mapa de Francia! ¿Sabías que París es la **capital** de Francia? Está justo aquí, en el corazón del **país**.

"¡Oh, y mira, Juliette!" dice Julien señalando el mapa. ¡Francia tiene dos grandes océanos abrazando su costa: el Océano Atlántico a la izquierda y el Mar Mediterráneo al sur!

Continente Europeo

¿Dónde en el mundo?

Océano Atlántico

FRANCIA

PARIS FRANCE

Alemania

Italia

España

Mar Mediterráneo

N
W E
S

En el libro, también ven la bandera francesa con sus franjas verticales azules, blancas y rojas.

En español, '**Bleu**' significa azul, '**Blanc**' significa blanco, y '**Rouge**' significa rojo. Estos colores representan ideas principales: 'Bleu' representa la libertad, 'Blanc' representa que todos son iguales, y 'Rouge' representa a los amigos trabajando juntos.

La **bandera** francesa y sus colores se convirtieron en símbolos poderosos durante la Revolución Francesa. El 14 de julio de 1789, un evento conocido como la Toma de la Bastilla ayudó a liberar al pueblo francés del acoso del rey.

Los franceses de todo el mundo celebran el **Día de la Bastilla** cada año para recordar estas ideas importantes.

Encuentra la bandera francesa en la página para colorear y usa tus crayones azul y rojo para colorear las franjas.

Cuando Juliette y Julien llegan a París, se encuentran con el tío Fred en la '**Gare du Nord**', que es la estación de **tren** del norte.

Con los brazos abiertos, los recibe diciendo '¡**Bienvenue** à Paris!' y '¡**Bonjour**!', que en francés significa '¡Bienvenidos!' y '¡Hola!'.

¡A Juliette y Julien les encanta compartir palabras en francés contigo! ¿No crees que aprender a decir cosas en otro idioma es muy divertido?

Si estuvieras en París, ¿cómo saludarías a alguien? ¿Qué saludo en francés elegirías?

Juliette y Julien aprenden una nueva expresión francesa de su tío Fred: **'joie de vivre'**. Significa 'alegría de vivir'.

En Francia, esta es una manera especial de disfrutar la vida con felicidad y entusiasmo.

Se trata de amar la buena comida, el arte **hermoso** y pasar tiempo con **amigos**. Los franceses realmente saben cómo encontrar alegría en las pequeñas cosas.

¿Qué te hace sentir 'joie de vivre' en tu vida?

Juliette y Julien admiran la alta **Torre Eiffel** y aprenden que Gustave Eiffel la construyó específicamente para una gran feria en 1889.

Fue construida para celebrar 100 años desde un evento importante llamado la Revolución Francesa. La torre era tan diferente y nueva que no a todos les gustó al principio, pero ahora es un monumento **famoso** en París.

Al llegar a la Torre Eiffel, Juliette y Julien comienzan su ascenso por las escaleras, contando cada escalón en francés a medida que avanzan: '¡**Un**, **deux**, **trois**, **quatre**, **cinq**, **six**, **sept**, **huit**, **neuf** y **dix**!'

Desde la cima, París se ve pequeña y hermosa. ¿Hasta cuánto puedes contar en francés?

Dentro del gran **Museo del Louvre**, Juliette y Julien quedan asombrados por muchas pinturas, especialmente la **Mona Lisa**, que fue pintada por Leonardo da Vinci.

'**Peinture**' significa pintura en francés.

La sonrisa de la Mona Lisa es misteriosa, ¡y sus ojos parecen seguirte a todas partes!

Ellos se preguntan sobre los pensamientos secretos de la Mona Lisa.

¿Puedes adivinar qué podría estar pensando?

Dentro de la **Catedral de Notre-Dame**, Juliette y Julien admiran la arquitectura gótica. La catedral fue construida hace mucho tiempo, alrededor de 1345, y está ubicada en una **pequeña** isla en medio del **río Sena**.

Buscan criaturas míticas y gárgolas."¡Mira esa gárgola!" exclama Juliette.

Estas estatuas misteriosas, diseñadas al estilo gótico con arcos agudos y grandes **ventanas**, se creía que protegían la catedral.

Juliette se pregunta si estas criaturas son reales o parte de viejas leyendas. En francés, '**légende**' significa leyenda.

Las leyendas son **historias** antiguas sobre héroes valientes y criaturas mágicas que la gente ha contado durante mucho tiempo.

Juliette y Julien encuentran artistas pintando escenas vibrantes en el colorido Montmartre. "¡Mira todos estos **colores**!" dice Juliette.

Aprenden '**vert**' para el color de la hierba, '**orange**' para la fruta, '**jaune**' para el sol, '**noir**' para el cielo nocturno, '**gris**' para las nubes lluviosas, '**violet**' como las flores y '**marron**' como el chocolate.

¿Qué pintarías usando estos hermosos colores franceses?

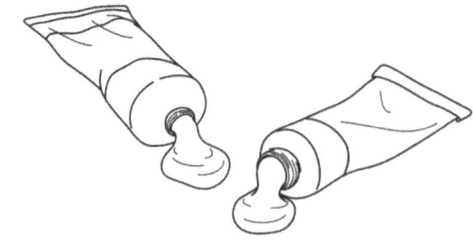

En Montmartre, Juliette y Julien prueban '**crêpes**'. Estos son panqueques delgados que a menudo están rellenos con sabores dulces como **azúcar** o rellenos salados como **jamón** y '**fromage**', que significa queso en francés.

Mientras aprenden sobre '**vert**', '**rose**', '**jaune**' y otros colores franceses, Juliette y Julien disfrutan de esta delicia.

"¿De qué color es tu crêpe?" ríe Juliette, comparándolo con su paleta de colores.

Después de sus aventuras, Juliette y Julien se relajan en una encantadora '**pâtisserie**', una tienda especializada en pasteles franceses, diferente de una '**boulangerie**' que principalmente vende **pan**.

Mientras beben leche caliente con chocolate, observan una vitrina de dulces. Ven '**éclairs**', ligeros y cremosos, y '**macarons**', pequeños y coloridos con un dulce crujido.

"¡Mira, eso es una '**tarte**' y un '**gâteau**'!" dice Julien, compartiendo contigo nuevas palabras para pastel y tarta.

"¡Tantas opciones deliciosas!" sonríe Juliette.

¿Qué delicia francesa llama tu atención en la pâtisserie?

En la pastelería, Juliette y Julien aprenden sobre el **'goûter'**, la hora de la merienda francesa que encanta a los niños. El goûter es cuando los niños disfrutan de golosinas como las **magdalenas** después de la escuela.

Las magdalenas son pequeños pasteles de mantequilla con forma de concha. Estas golosinas se hicieron populares alrededor de la Segunda Guerra Mundial. Las magdalenas son especiales porque necesitan un molde de horneado único para obtener su forma.

"¡Estas magdalenas son perfectas para el goûter!" dice Julien.

¿Te gustaría intentar hacer estas para tu hora de merienda?

Escanea el código QR para una manera fácil de **hornear** magdalenas y ver cómo los niños franceses disfrutan de su goûter. No olvides, necesitas la ayuda de un adulto para seguir la receta.

Magdalenas Francesas Clásicas

Escanea

Ingredientes

- 3/4 taza de harina común
- 1 1/2 cdta. de polvo de hornear
- una pizca de sal
- un chorrito de jugo de limón
- 7 cda. de mantequilla sin sal
- 1/2 taza de azúcar blanca
- 2 huevos grandes
- 1 cda. de miel

♥ Instrucciones ♥

En un bol grande, bate lentamente los huevos y el azúcar durante 1 minuto, luego añade miel y bate durante 3 minutos más hasta que esté espumoso.

Derrite mantequilla en una cacerola, añade un poco de jugo de limón y una pizca de sal, luego deja enfriar.

Tamiza la harina y el polvo de hornear en la mezcla de huevo, bate hasta que quede suave.

Añade la mantequilla enfriada, bate hasta obtener una mezcla suave y deja reposar durante 2 horas a temperatura ambiente.

Engrasa un molde para magdalenas, llena cada cavidad con una cucharada generosa de la mezcla.

Hornea a 425 °F durante 3 minutos, luego reduce a 390 °F y hornea durante otros 6-7 minutos.

Enfría las magdalenas brevemente, luego sácalas del molde y disfrútalas calientes.

Tiempo de cocción: 10 minutos.

mantequilla

azúcar

harina

miel

Juliette y Julien quedan asombrados ante el '**Arc de Triomphe**', erguido al final de la famosa "Avenida de los '**Champs-Élysées**'.

"¡Es como una enorme y alta entrada!" dice Juliette. Los Champs-Élysées son conocidos por su hermosa y larga avenida que conduce directamente a este monumento.

Este arco honra a los soldados que lucharon por Francia, especialmente durante las guerras dirigidas por Napoleón. '**Triomphe**' es una palabra francesa que significa 'triunfar' o 'hacer algo muy bien'. ¡Es como cuando ganas un juego o haces algo grandioso!

¿Cómo celebrarías un gran logro, como ganar un juego o hacer algo asombroso? ¿Qué harías para celebrar?

Mientras Juliette y Julien se preparan para despedirse de París, reflexionan sobre todos los lugares maravillosos que han visto y las nuevas delicias que probaron.

Observan sus **recuerdos**, cada uno un pequeño pedazo de su aventura en París. "Siempre recordaremos nuestro tiempo en París," sonríe Juliette. "¡Y todas las cosas increíbles que descubrimos!" añade Julien.

Mientras hacen un gesto **de adiós** a París, la Ciudad de la Luz, también conocida como '**La Ville Lumière**', saben que estos recuerdos permanecerán con ellos para siempre.

¿Has aprendido nuevas palabras en francés y probado postres deliciosos como '**éclairs**' y '**gâteaux**'? ¿Cuál fue tu parte favorita de explorar París?

Español	French	Pronounciation	Page
Juliette	Juliette	zhoo-lee-ET	
Julien	Julien	zhoo-LYEN	
París	Paris	pah-REE	1
Pasaporte	Passeport	pahs-por	
Aventura	Aventure	ah-vahn-TUR	
Torre Eiffel	Tour Eiffel	toor ey-FEHL	
Flor de lis	Fleur-de-lis	flur duh LEES	3
Reyes	Rois	rwah	
Libro	Livre	lee-vruh	
Francia	France	frahns	
Mapa	Carte	kart	5
Capital	Capitale	kah-pee-tahl	
País	Pays	pay-ee	
Bandera	Drapeau	dra-poh	
Día de la Bastilla	La Fête Nationale	lah fet nah-syon-al	7
Blanco	Blanc	blahn	
Azul	Bleu	bluh	
Rojo	Rouge	roozh	

32

Español	French	Pronounciation	Page
Estación Norte	Gare du Nord	gahr duh nohr	
Tren	Train	trahn	
¡Bienvenido!	Bienvenue	byan-ven-ew	**9**
¡Hola!	Bonjour!	bon-zhoor!	
Buenas noches	Bonsoir	bohn-swahr	**10**
¡Hola!	Salut!	sah-lew!	
¿Cómo estás?	Comment ça va?	koh-mah sah vah?	
¿Qué tal?	Ça va?	sah vah?	
Buenas tardes	Bonne après-midi	bon ah-preh mee-dee	
Buenas noches	Bonne nuit	bon nwee	
Alegría de vivir	Joie de vivre	zhwa duh veev	
Hermoso / (sa)	Beau(m) / Belle(f)	boh(m) / bell(f)	**11**
Amigo / Amiga	Ami(m) / Amie(f)	ah-mee(m) (f)	
Torre Eiffel	Tour Eiffel	tour-eh-FEHL	
Famoso	Célèbre	seh-leb-ruh	
Cero	Zéro	zay-roh	**13**
Uno	Un	uhN	
Dos	Deux	duh	
Tres	Trois	twah	

33

Español	French	Pronounciation	Page
Cuatro	Quatre	kah-truh	
Cinco	Cinq	sank	
Seis	Six	seess	**13**
Siete	Sept	sept	
Ocho	Huit	wheat	
Nueve	Neuf	nuhf	
Diez	Dix	deess	
Louvre	Louvre	loo-vruh	
Museo	Musée	mew-zay	**15**
Mona Lisa	La Joconde	lah zhoh-kond	
Pintura	Peinture	pan-TUR	**16**
Azul	Bleu	bluh	
Rojo	Rouge	roo-zhuh	
Notre-Dame	Notre-Dame	noh-truh dahm	
Ventanas	Fenêtres	fuh-nehtr	
Leyenda	Légende	lay-ZHAWND	**17**
Pequeño / ña	Petit(m) / Petite(f)	peh-tee(m)/peh-teet(f)	
Historias	Histoires	ees-twar	
El Sena	La Seine	lah sen	

Español	French	Pronounciation	Page
Colores	Couleurs	Koo-luhr	
Azul	Bleu	bluh	
Blanco	Blanc	blahn	
Rojo	Rouge	roo-zhuh	
Verde	Vert	vair	
Anaranjado	Orange	oh-RAHN-zhuh	19
Amarillo	Jaune	zhohn	
Negro	Noir	nwahr	
Gris	Gris	gree	
Violeta	Violet	vee-oh-LEH	
Marrón	Marron	mah-ROHN	
Panqueques	Crêpes	krep	
Azúcar	Sucre	suh-kruh	
Jamón	Jambon	zhan-bohn	
Queso	Fromage	froh-MAHzhuh	
Verde	Vert	vair	21
Rosa	Rose	rohz	
Amarillo	Jaune	zhohn	

Español	French	Pronounciation	Page
Pastelería	Pâtisserie	pah-tee-suh-REE	
Panadería	Boulangerie	boo-lahn-zhuh-REE	
Pan	Pain	pan	
Éclairs	Éclairs	ay-KLEHR	23
Macarons	Macarons	mah-kah-ROHN	
Tarta	Tarte	tahrt	
Pastel	Gâteau	gah-toh	24
Cruasán/Cachito	Croissant	krwah-sahn	
Milhojas	Mille-feuille	meel-foy	
Profiteroles	Profiteroles	proh-fee-teh-rohl	
Col	Chou	shoo	
Bocadillo	Goûter	goo-TAY	
Magdalenas	Madeleines	mah-duh-layn	25
Hornear	Cuire	kweer	
Arco de Triunfo	Arc de Triomphe	ark duh tree-ohmf	
Campos Elíseos	Champs-Élysées	shahntz-ay-lee-zay	27
Triunfo	Triomphe	tree-ohm-fuh	

Español	French	Pronounciation	Page
Recuerdos	Souvenirs	soo-vuh-neer	
Adiós	Au revoir	oh ruh-vwahr	
Éclairs	Éclairs	ay-KLEHR	29
Pastel	Gâteau	gah-toh	
Ciudad de las Luces	La Ville Lumière	lah veel lum-mee-AIR	

Descargos de responsabilidad

Por favor recuerden que la manera en que las personas hablan puede ser diferente en distintos lugares. Esto significa que algunas palabras pueden sonar diferente o tener distintos significados dependiendo de dónde viven o de dónde provienen.

El código QR los lleva a un sitio web que no controlamos. Por favor, avísenos si el enlace deja de funcionar.

 # La Serie

**Explora París
Edición en Inglés
Libro 1
¡Disponible
ahora!**

**Libro 1
Navidad en
el Polo Norte -
Edición en Inglés
disponible en
Otoño 2024**

**Libro 1
Explora
El Teatro
Edición en Inglés
¡Disponible
ahora!**

**Libro 1
Navidad
alrededor del
mundo -
Edición en Inglés
disponible en
Otoño 2024**

**Libro 1
Explora India -
Edición en Inglés
disponible en
otoño de 2024**

**Libro 2
Explora
Nueva York -
Edición en Inglés
disponible en
Otoño 2024**

¡Descubre más historias
increíbles!

Escanear ahora

Hecho en los Estados Unidos
Lake Mary, FL
30 Marzo 2024